Extrait de la
Revue du Bas-Poitou

LETTRES INÉDITES

DU

GÉNÉRAL BELLIARD

A son compatriote et ami COCHON DE LAPPARENT

MINISTRE DE LA GUERRE

PUBLIÉES PAR

E. CESBRON

VANNES
IMPRIMERIE LAFOLYE
1898

EXTRAIT DE LA
Revue du Bas-Poitou.

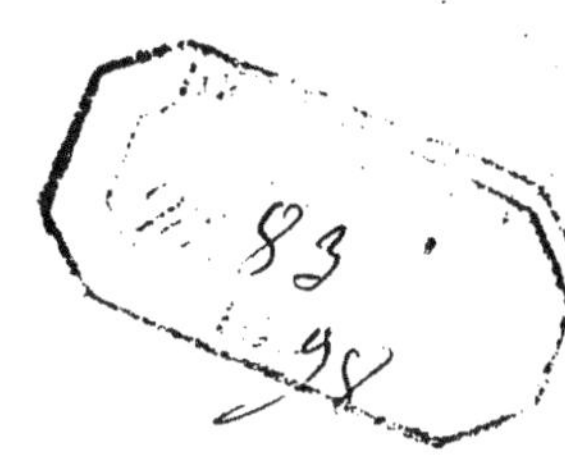

LETTRES INÉDITES

DU

GÉNÉRAL BELLIARD

A son compatriote et ami COCHON DE LAPPARENT

MINISTRE DE LA GUERRE

PUBLIÉES PAR

E. CESBRON

VANNES

IMPRIMERIE LAFOLYE

—

1898

LETTRES INÉDITES DU GÉNÉRAL BELLIARD

A son compatriote et ami Ch. COCHON de LAPPARENT,

Ministre de la police

Le Conseil municipal de Fontenay vient de décider, dans sa séance du 16 mai dernier, qu'afin de le soustraire aux injures du temps et aux déprédations de la rue, le buste du général Belliard qui surmontait la fontaine élevée sur la place de ce nom, serait transporté à la mairie, et qu'une plaque commémorative en marbre serait placée sur la maison voisine où il est né.

L'histoire du vaillant général Fontenaisien a été tracée de main de maitre ici même par notre ami M. Eugène Louis. Il n'y a donc pas lieu de la refaire. Mais il nous a paru, qu'à l'heure où l'on s'occupe de faire plus dignement revivre la mémoire de cette illustration Vendéenne, on ne lirait pas sans intérêt les *Lettres inédites* que l'aimable et richissime collectionneur poitevin M. E. Cesbron, a bien voulu, avec une exquise bonne grâce, mettre à notre disposition.

Ces très intéressantes lettres, au nombre de onze, ont été écrites par le général Belliard, alors à l'armée d'Italie, à son compatriote et ami Ch. Cochon de Lapparent, ministre de la police. Nous en avons respecté scrupuleusement le style et l'orthographe.

R. V.

I

Armée d'Italie an V (1796-1797).

Au quartier général, à Breschia, le 29 thermidor IVe année républicaine.

(Pour toi seul.)

Je croyais bien t'écrire de Mantoue, mon cher Cochon ; nous nous étions donnés assez de peine et nos travaux étaient assez avancés pour espérer pouvoir y entrer sous huit ou dix jours, mais les destins en ordonnèrent autrement, et il a fallu lever le siège en abandonnant presque toute l'artillerie et une grande partie des munitions qu'on a eu soin d'avarier affin que l'ennemy ne pût pas s'en servir. Je ne crois pas qu'on recommence cette campagne ; le général se bornera sûrement à en faire le blocus.

On ne t'avait pas trompé sur les maladies, elles étaient si fréquentes surtout dans notre pauvre division, qu'il a été des décades ou nous envoyions aux hôpitaux 2.000 et 2 500 hommes sur 10.000 que nous étions, et c'était là notre moment de splendeur. Car la division s'est trouvée réduite, pour faire les travaux du siège qui ont été terminés dans 13 jours environ, à quatre mille hommes du côté de Ceresa et à peu près deux mille du côté de la Favorita. Malgré la grande fatigue les soldats montraient une ardeur incroyable et travaillaient avec un courage digne d'exemple. Les maladies ne sont point dangereuses, ce ne sont que des fièvres qui vous coupent les jambes et vous rendent extraordinairement faibles, mais il né périt personne. C'est seulement une perte momentanée pour l'armée. Les autres divisions n'ont pas beaucoup perdu.

Wurmeser en est venu à son but : il voullait faire lever le siège de Mantoue, et il y a réussi ; mais il lui en a coûté cher, et son armée a été terriblement affaiblie ; tu verras d'après le rapport cy-joint comment il a été froté. Je le crois enflé tant pour le gain que pour la perte ; c'est un malheur attaché à la suite des affaires qu'on ne puisse pas dire la vérité. Tu reconnaîtras aussi que ceux qui sont auprès du soleil se chauffent toujours les mieux, et que ce n'est pas toujours le cheval qui travaille le plus auquel on donne le plus d'avoine.

Je ne connais point les bruits qu'on a fait courir sur le général Bonaparte ; nous voyons si rarement les nouvelles dans les divisions et j'ai eu tant de travail au siège, que je ne me suis pas beaucoup occupé de politique ; je ne connais point la vie privée du général, mais je dois rendre justice à sa vie publique, je n'ai point vu de généraux aussi actifs que lui, et qui sache prendre un parti décisif sur le moment, et avec beaucoup de justesse. Il est sans cesse en course pour visiter ses divisions, et paraît toujours occupé de l'armée, il a déployé beaucoup de talents et de connaissances dans la position critique où nous nous sommes trouvés pendant quelques temps ; le plan qu'il avait formé a eu une heureuse exécution, et l'ennemy a été complètement battu.

Ma fièvre, après un accès de 5∶ heures, a jugé à propos d'être quatre jours sans me rendre visite et je me croyais grand garçon ; mais avant-hier elle est revenue, pas aussi forte à la vérité, et les accès bien moins longs. Cela ne m'empêche pas de partir demain pour aller être chef d'état-major de la divison du général Augereau qui est en avant de Véronne. Je croyais attendre encore quelques jours à Breschia, mais j'ai reçu l'ordre hier de partir sur le champ et j'avais une médecine dans le corps. Ce n'était pas possible, je fus voir le soir le général en chef qui m'a engagé à me rendre le plus tôt que je pourrais au poste qu'il m'avait donné. Je pars donc d'après ses instances, j'yrai tant que les forces le permettront ; après il faudra bien s'arrêter.

Je t'ai déjà prié plusieurs fois de m'envoyer les cartes de l'Italie, surtout de la partie dans laquelle nous faisons la guerre, j'en ai le plus grand besoin ; on en trouve peu dans

ce pays-cy, encore sont-elles très inexactes et l'on ne peut
pas compter sur les positions qu'elles indiquent : fais-moi le
plaisir de ne pas m'oublier, tâche de me les envoyer collées
sur toile, et adresse-les sous envelope (*sic*) au général en chef
pour qu'elles me parviennent plus sûrement.

Adieu, mon cher Cochon, bien des amitiés à toute la famille, et Adevenne que fait-il ?

BELLIARD.

Fais-moi le plaisir d'envoyer à leur adresse les lettres cy-
jointes, et de joindre à celle du tonton Robert le raport, après
l'avoir lu, s'il te devient inutille.

B....

J'ai reçu ta lettre du 16, n'oublie pas quand tu me feras
réponse de relater celle que je t'écris.

On parle beaucoup de paix. En serait-il quelque chose ?
puisse-t-elle bientôt me procurer le plaisir d'aller te voir.

Si tu écrivais à la maison, ne dis point que j'ai la fièvre, je
leur ai marqué qu'elle était passée, afin de ne pas les
inquiéter.

II

Armée d'Italie,
   2e DIVISION.

LIBERTÉ..... ÉGALITÉ

**Au quartier général à Véronne, le 17 vendémiaire l'an V^e de la
République Française une et indivisible.**

L'adjudant général chef de l'état-major au citoyen Cochon.

Nos victoires, mon cher Cochon, tiennent au prodige, et,
quand on jette un coup d'œil sur l'organisation de l'armée, on
est surpris de lui voir emporter des succès aussi brillants. Il
ne se passe pas de jours que l'on ne fasse des sottises, et

souvent les bévues que l'on commet tournent à l'avantage de
nos armes par le courage et l'intrépidité de nos braves
soldats. Lorsque nous sommes allés attaquer l'ennemy dans
les gorges du Tirol, on a mis sur *lasse de pique* le sort de
l'Italie, car si nous avions été battus et que l'ennemy au lieu
de s'amuser à tâter Véronne, nous eut suivi avec la colonne
qu'il avait envoyé de ce côté, je ne sais pas comment nous en
serions sortis ; car il ne faut pas compter passer de droite ou
de gauche. Eh bien, ce mouvement qui pouvait coûter la
perte du gros de l'armée et l'abandon par le reste des États
d'Italie a été on ne peut plus avantageux pour nous. Car
l'ennemy qui se disposait à nous attaquer avec des forces
imposantes et supérieures, a été battu partout et obligé de
nous abandonner ses positions, et les armes qu'il voullait
diriger contre nous... à Bassano les deux divisions se sé-
parent, et marchent l'une sur Vicensa et l'autre sur Porto-Legnago, affin de pouvoir de concert enveloper les débris de l'armée autrichienne qui s'étaient réunis au corps qui s'était porté
sur Véronne ; mais la faute qu'on avait faite de ne pas en
partant occuper le poste important de Porto-Legnago, favo-
rise la retraite de l'ennemy qui passe Ladige (*sic*) dans cette
place et qu'il a bien eu soin de garnir de troupes affin d'arrêter notre division. Pour tâcher à réparer cette négligence
qu'on a reconnue trop tard, la division du général Masséna passe
Ladige à Romo pour se rendre à Sanguinetto et barrer le chemin à l'ennemy pendant que le général Sahuguet se portait à
Castellare pour couper les ponts sur la Molinella et déffendre
le passage. Le général Masséna rencontre l'ennemy à Céréa ;
cette division accoutumée à vaincre, et croyant ne plus rencontrer d'obstacles pour l'arrêter dans sa course brillante,
marche décousue, sans ordre et le combat s'engage seulement
par quelques tirailleurs. qui d'abord eurent quelques succès,
mais, chargés par la cavalerie ; ils se replient et ceux qui les
suivaient en firent autant. Une 1/2 brigade d'infanterie légère
arrive se précipite sur l'ennemy ; s'empare du village et du

pont et fait environ 200 prisonniers, mais cette brave 1/2
brigade ne se trouvant pas soutenue par les autres corps
qui étaient fort éloignés, fut bientôt enveloppée et obligée de
fuir en désordre. La terreur se repend (*sic*) dans le reste de la
colonne et il fut prudent de songer à se retirer. Fort heureusement l'ennemy ne sut pas profiter de son avantage, car, il
nous eût poursuivi, nous aurions perdu beaucoup de monde.
Cette journée qui devait peut-être contribuer à détruire le
reste de l'armée autrichienne, si les corps eussent marchés
serrés et en ordre, servit au contraire à ranimer l'esprit de
ses soldats. Le lendemain, le général en chef qui, malgré l'é-
chec qu'on avait éprouvé, comptait marcher sur l'ennemy,
s'attendait à le rencontrer et à une affaire générale sur la
Molinella qu'il disait avoir été coupée. Mais le général Sahuguet, au lieu de faire couper trois ponts, n'en rompt que deux
et laisse sur la droite celui de Villa imperita où passa Wurmeser avec son armée, culbutta les troupes de Sahuguet et
fut sous Mantoue. En arrivant sur la Molinella, le général en
chef qui avait fait toutes ses dispositions fut fort surpris de
ne plus trouver d'ennemis..... Pendant ce temps notre division était arrêtée à Legnago qui fort heureusement se rendit
et nous laissa le passage. En arrivant à cette place on a fait
aussi une petite escapade. Nous débouchâmes bravement à
deux cents toises de la place par un chemin couvert, et nous
fûmes reçus comme nous le méritions. L'ennemy nous salua
avec de la mitraille et des boulets et nous obligea de nous
retirer. Le 28, on a encore attaqué du côté de Saint-Georges,
mais sans succès, et on peut même dire que nous avons été
batus. Le lendemain toutes les divisions attaquent de.....

(La fin de la lettre manque).

III

Armée d'Italie
2º DIVISION.

LIBERTÉ..... ÉGALITÉ

Au quartier général à Véronne, le 29 vendémiaire l'an Vᵉ de la
République Française une et indivisible.

L'adjudant général chef de l'état-major, au
Ministre de la police générale.

Comme je n'ai pas le temps de t'écrire, tu peux prendre
lecture de la lettre à l'adresse de mon père, et la faire partir
après que tu l'auras lue. J'aurais beaucoup de choses à te
dire relatives à l'armée et aux administrations, mais quoiqu'il
soit bon de dire la vérité, le peu d'exactitude des postes me
rend muet, le gouvernement seul ou ceux qui l'aprochent
devant en avoir connaissance. Tu me permetteras de t'accuser
de paresse, je t'ai écrit au moins douze lettres sans réponses.
..... Dans les Gorges, six ou huit, depuis notre retour 3 du
3, du 11 et du 17 vendémiaire ; marque-moi si elles te sont
toutes parvenues.

Santé et amitié.

BELLIARD.

Dans les mois de fructidor et de vendémiaire, j'ai reçu
deux lettres de toi, une du 2 et l'autre du 3.

IV

Armée d'Italie,
2º DIVISION.

LIBERTÉ..... ÉGALITÉ

Au quartier général à Véronne, le 14 brumaire l'an Vᵉ de la
République Française, une et indivisible.

J'ai reçu, mon cher ami, la lettre que tu avais remise au
secrétaire du commissaire Garos, mais les cartes ne me sont

pas encore parvenues, je les attends tous les jours avec impatience ; je viens d'écrire à ce jeune homme pour le prier de les adresser au chef de l'état-major général. Reçois mes remerciements et marque-moi de combien je te suis redevable.

Avant-hier la division du général Vaubois attaqua l'ennemi avec succès, on a fait cinq cents prisonniers ; je ne sais pas encore les détails. Ce matin notre division part pour aller au devant d'une de l'ennemy qui fait mine en marchant sur Padoue de vouloir se porter vers Mantoue, affin d'en faire lever le blocus. Je ne sais pas quels seront les plus honnêtes, je ne désire pas que ce soit nous, j'espère au contraire que les Autrichiens voudront bien nous céder le passage. Aussitôt qu'il y aura du nouveau je t'en instruirai.

Adieu, mon cher ami, je t'embrasse et monte à cheval pour Montebello, près Vicenza.

BELLIARD.

V

Armée d'Italie,
2ᵉ DIVISION.

LIBERTÉ..... ÉGALITÉ

Au quartier général de Véronne, le 9 frimaire l'an Vᵉ de la République Française, une et indivisible.

L'adjudant-général chef de l'état-major, au citoyen Cochon.

J'ai reçu, mon cher Cochon, ta lettre du 25 brumaire, le citoyen Couturier m'a fait passer la carte d'Italie que tu lui avais remise.

Depuis quelques jours nous sommes tranquilles, je ne sais si cela durera ; je le désire bien, tant pour les soldats que pour moi. J'ai servi à trois armées avant de venir en Italie, mais il n'en est pas où l'on soit dans un état d'activité aussi continuel..... Les ennemis se sont retirés sur Vicensa et Bassano, je pense que nous ne tarderons pas à les revoir, car sûrement ils feront encore quelques tentatives pour débloquer Mantoue ; en tout cas nous les attendons et j'espère qu'ils ne seront pas plus heureux que la première fois. Si je te cherche querelle, c'est que je suis envieux de recevoir de tes nouvelles, je sais que tes grandes occupations peuvent t'excuser, mais quelquefois l'amitié ne calcule pas là dessus. Cependant, puisque tu le veux, je vais tâcher à y habituer la mienne ; et j'espère, à la paix que je désire ardemment, te faire payer les arrérages en tout genre.

Je sais maintenant où en sont nos armées. Si elles eussent conservé leurs positions, je crois que dans ce moment nous aurions une suspension d'armes qui nous acheminerait à la paix ; car je pense que pour la faire il faudra beaucoup de temps et beaucoup de pourparlers, affin de l'établir sur des bases solides qui ne s'écroulent au moins de quinze ans, pour laisser prendre à la France son ancienne splendeur. Puisse ce moment heureux arriver bientôt et me laisser la liberté d'aller faire un petit tour à Paris pour vous embrasser tous.

Je félicite Mme Debreuse sur son heureuse délivrance, mais je lui conseille de ne pas travailler à demi, car quoique les dames soient fort aimables, on détruit aux armées assez d'hommes pour engager les femmes à pourvoir au remplacement en ne faisant que des garçons.

Adieu, santé et amitié à toute la famille.

BELLIARD.

VI

Armée d'Italie.

2e DIVISION

Augereau.

LIBERTÉ..... ÉGALITÉ

Au quartier général, à Véronne le 28 frimaire l'an Ve de la République Française une et indivisible.

L'adjudant général chef de l'état major, à son ami Cochon.

J'ai reçu, mon cher Cochon, ta lettre du 13 de ce mois, je te remercie des offres de service que tu me fais, je désirerais pouvoir en profiter, mais la manière dont les choses se tournent me privera sûrement du plaisir de te voir, car je crois que nous nous batterons encore souvent avant la reddition de Mantoue, et tu penses bien que je ne quitterai pas l'armée avant que tout soit fini, ou tout au moins qu'il soit convenu entre les deux partis qu'on restera tranquille.

Je ne suis pas du même avis que toi sur la reddition de Mantoue. Je crois que loin de contribuer à la paix, elle prolongera au contraire la guerre, parce qu'alors maître à peu près de l'Italie, le Directoire fera des conditions plus dures, que l'Empereur pourra ne pas accepter et tentera peut être une nouvelle campagne dans l'espoir de ranger la victoire de son côté et d'obtenir par la force des armes, ce qu'un traité de paix n'aura pas pu lui rendre. Je crois qu'il est de l'intérêt de tout le monde et du Directoire lui-même, de venir bien vite à ce but si désiré de tous les vrais amis de la République et de l'humanité, à la paix. Car il ne faut pas qu'il s'abuse sur les moyens de l'armée d'Italie. On s'imagine que tout y abonde et qu'il ne s'agit que de demander pour obtenir. Il n'en est pas moins vrai que tous les magasins sont vuides par la scélératesse des chefs d'administrations et qu'on se trouve dans la cruelle impossibilité de fournir aux soldats, habits, vestes, souliers, tant la pénurie est grande. Il en est de même des caisses, et si le général Bonaparte qui est obligé de se mêler et de conduire l'armée et de l'administrer, ne fut pas allé à Milan harceler les administrateurs de tout genre, la troupe n'eut pas été payée ce mois cy..... L'armée est brave, il est vrai, mais comme je te l'ai déjà marqué, les braves sont toujours tués les premiers, et si dans ce moment nous sommes vainqueurs, c'est que les officiers prêchent d'exemple, et que sentant la nécessité de tenir bon, ils marchent toujours à la tête pour faire supléer le courage au nombre et conduire les soldats à la victoire, Il nous arrive heureusement du renfort et tant que le pain, les fusils et les cartouches ne manqueront, je crois que l'ennemy aura pour cette année de la peine à nous faire lâcher pied.

J'arrive de faire une grande tournée. Je me suis d'abord rendu auprès du général en chef à Millan pour affaire de service, et à mon retour j'ai passé à Lodi, Crémone, visiter les dépôts de la division, d'où je suis parti pour me rentre à Castagnara visiter le Canal blanc et aviser aux moyens d'en défendre le passage si l'ennemy parvenait à traverser Ladige au-dessus et faisait ensuite une tentative de ce côté. La défense en serait assez difficile dans ce moment, car il est gellé assez fort pour offrir un passage dans tous les points. Je crains bien, si le froid continue à être aussi rigoureux, que la Dige n'en fasse autant, alors il faudra se réunir et attendre. Si l'ennemy se présente, on tachera de le recevoir le mieux possible.

L'ennemy attaqua, le 25, le poste de Montagna sur le bord du lac de Guardia. Il parvint à s'en emparer ; le lendemain on l'a repris.

Je ne crois pas que Mantoue soit encore à nous de six semaines au moins. Le peu d'exactitude avec laquelle on en garde les aproches facilite à l'ennemy les moyens de tirer quelques secours, et je suis persuadé qu'il ne se passe aucune nuit, sans qu'on y introduise quelques comestibles. Le général Kilmain, qui commande le blocus, a sommé par une grande lettre le général Wurmeser de se rendre. Ce dernier lui a répondu ainsi : « J'attache trop de prix à l'estime que vous paraissez « me témoigner, pour vouloir le perdre en rendant une place « dont le commandement m'a été confié. »

Nous avons un pied de neige au moins, le froid est très fort et je t'assure que les bords de la Dige pourraient être plus agréables à parcourir. Cela n'empêche pas de me mettre en route pour Porto-Legnago.

Adieu, mon cher Cochon, porte-toi bien et annonce-moi bientôt la paix.

BELLIARD.

Bien des amitiés à toute la famille. Je t'ai marqué avoir reçu la carte que tu m'as envoyée.

VII

Au quartier général de Rizzolage, le 19 pluviôse an V^e républicain.

Je suis assez malheureux, mon cher Cochon, pour n'avoir pas pu t'apprendre le premier la reddition de la fameuse Mantoue ; mais nous sommes tellement éloigné maintenant du centre des affaires, que je ne l'ai su que quatre jours après, et même que j'ignore encore les conditions de la capitulation. Je pense que la prise de cette forteresse jointe à la manière honnête avec laquelle on a traité l'armée autrichienne engagera l'Empereur à faire de sérieuses réflexions, et que si le Directoire exécutif n'a pas des prétentions exagérées, nous pourrons avoir enfin une paix glorieuse et durable ; c'est ce que je nous souhaite.

Me voilà enfoncé dans le Tirol, ayant pour perspective des montagnes arides et couvertes de deux et trois pieds de neige ; les habitants du pays annoncent la plus grande misère, et je t'assure qu'on trouverait chez eux plus de poux que d'écus si le gouvernement voullait les imposer. Les malheureux ne récoltent pas à beaucoup près de quoi s'alimenter, et leur nourriture principale c'est de la poulinta, des choux et des raves. On y boit cependant du bon lait et par suite on a du bon beurre. La chaumière où est établi mon quartier général se trouve entre deux petits lacs, sur le territoire de Piensé. Il y a un peu de différence entre ce séjour et celui des Champs-Elysées, et la promenade n'est pas tout à fait si agréable et si unie ; car pour visiter les positions que j'occupe à Lapiace, Bedol, Segonzano, Sevignano, Lona et revenir chez moi, il faut descendre pendant trois heures, remonter pendant quatre, et passer par des chemins couverts de glace et de neige ; ma parole d'honneur, on ne place pas ainsi un jeune homme de famille. Mais patience, cela ne durera pas toujours, et avant qu'il soit peu, je pourrai sur les boullevards des

Italiens oublier les fatigues de la guerre, et enttendre les doux accents de Me Pie qui, dit-on, acquiert tous les jours.

Adieu, faites bien vite la paix, vous autres à la tête des affaires, et vous aurez bien mérité des amis de la patrie.

Santé et amitié, à toi, à la famille et à toutes nos con-naissances.

BELLIARD.

VIII

Au quartier général de Brixeu, le 5 germinal an V^e républicain.

Vive la République..... Depuis cinq jours nous nous battons, depuis cinq jours nous sommes vainqueurs dans le Tirol, et poursuivons l'ennemy avec acharnement..... Nous avons, le 27, enlevé toutes les positions de Cavis ; le 1er on prit Castello, Cavalère, Salaine et toutes les positions sur la Dige ; le 2, on attaqua l'ennemy sur la rive droite, nous primes deux villages, deux pièces de canon et deux mille hommes ; le 3, nous sommes entrés à Bolzano, et hier, après avoir poursuivi et battu l'ennemy pendant huit lieues, nous entrâmes à Brizeu où l'on a trouvé des magasins considérables en tout genre. Tu vois que la marche a été assez rapide ; aujourd'hui l'on se repose et demain nous recommençons.

Le résultat est environ dix mille prisonniers, sept ou huit pièces de canon, des armes en grande quantité, des avoines, des fourages et des farines qui peuvent nourir la division pendant six mois. De notre côté nous n'avons que beaucoup de fatigues ; j'espère que la continuation de notre marche sera aussi heureuse et que nous parviendrons enfin au but désiré..... à la paix.

Santé et amitié à toute la famille.

BELLIARD.

IX

Armée d'Italie.
DIVISION
Joubert.

LIBERTÉ...... EGALITÉ

Au quartier général de Brixeu, le 7 germinal an Ve de la République Française une et indivisible.

Belliard, général de brigade, au citoyen Cochon.

Hier à midi le général divisionnaire fit faire un mouvement pour s'emparer de Milback et des hauteurs, affin de tenir les deux gorges d'Inspruck et Pruncheu. On rencontre l'ennemy à l'entrée de la gorge d'Inspruck, il a encore été complètement battu et poursuivi pendant trois lieues, on lui a enlevé deux pièces de canon, quatre caissons, plusieurs chariots et fait environ sept cents prisonniers. Le régiment qui se trouvait en avant arrivait du Rhin et était venu prendre position le matin.

Adieu, les nouvelles te donneront de plus grands détails.

BELLIARD.

X

Armée d'Italie.

LIBERTÉ..... ÉGALITÉ

Au quartier général de Bassano, le 17 floréal an Ve de la République Française, une et indivisible.

Belliard, général de brigade, à Cochon.

J'ai reçu ta lettre du 25 germinal, celle que tu m'as écrite avant ne m'est pas encore parvenue. Tu me marques n'avoir pas reçu de mes nouvelles pendant deux mois, cela me surprend, car il ne s'est pas passé un événement un peu marquant que je ne t'en aye instruit, et nous n'avons jamais été deux mois sans nous battre ; quand à mes lettres du Tirol, je ne suis pas surpris que tu ne les ayes pas eues. Nos communications ont été interceptées, d'un côté par les Tiroliens et de l'autre par les Vénitiens ; maintenant nous sommes en paix et tranquilles et j'espère que l'exactitude des courriers nous mettra tous les deux à l'abri des reproches, car je pourrais aussi t'en faire, mais nous sommes en paix, oublions tout et vivons bons amis.

Aussitôt la ratification du traité de paix par l'Empereur, nous avons évacué son pays et nous voilà maintenant sur le territoire vénitien. Depuis dix jours nous sommes en marche et la division après avoir passé de *Villac, à Tarnes, Pontilia, Prazinta, Osopo, Spilembergo, Coneliano, Treviso, et Castel franco,* a pris position jusqu'à nouvel ordre à Bassano. Les autres divisions en ont fait autant que nous, en passant par des routes différentes. Au village de Hospital, à trois mille nord-est d'Osopo, nous laissâmes les montagnes pour entrer dans une plaine superbe et très étendue, tous nos cœurs depuis longtemps reserrés dans les gorges stériles des montagnes du Tirol se dilatèrent avec plaisir et nos yeux fatigués de la vue sans cesse renaissante de roches arides et escarpées doublèrent leur jouissance à l'aspect d'une campagne aussi riante.

On dit que d'après le traité de paix on cède à l'Empereur une partie du territoire de Venise ; je crois qu'il aura beaucoup de peine à s'y maintenir, car les habitants n'ont pas l'air disposés à rester sous sa dépendance et tous disent ouvertement : *Piutosto morire che dessere à l'imperatore.* Déjà beaucoup ont pris la cocarde tricolore, et je suis persuadé que si nous quittons l'Italie elle sera en pleine révolution avant trois mois. A Treviso, Bassano, Vicenza, on a voulu planter l'arbre de la liberté, à Vicenza la cérémonie doit se faire aujourd'hui..... Les nouvelles de Venise annoncent que le gouvernement a abdiqué tous ses pouvoirs, et que le sistème démocratique a succédé au sistème aristocratique, nos principes partout se propagent, et l'on dit que Gène même n'en est pas exempt.... Qu'ils se révolutionnent, mais en nous prenant pour exemple qu'ils sachent profiter de notre courage et de nos vertus et mettre à l'eccart les excès auxquels nous nous sommes livrés, et qui malheureusement sont inséparables des grandes révolutions. Ratifiez bien vite la paix à Paris, affin que nous puissions retourner au sein de notre mère patrie, et revoir nos parents et nos amis.

Santé et amitié.

BELLIARD.

XI

Véronne, le 8 prairial an V^e républicain.

Belliard à Cochon.

Leclair m'a fait passer la lettre que tu lui as remise pour moi. Tu connais maintenant les causes qui ont mis des lacunes dans la correspondance, ainsi brisons là-dessus.

Quand nous enverrez-vous donc la ratification du traité de paix, quand recevrons-nous les résultats heureux des sages discussions des deux conseils. Nous les attendons avec impatience, surtout moi...

Mes désirs demandent une prompte résolution qui, en consolidant la paix, rende bien vite à la France la tranquillité dont elle a besoin, et nous conserve longtemps le bonheur après lequel nous avons couru pendant six ans. Alors l'allégresse se reprendra dans tous les cœurs, alors on épanchera dans le sein de l'amitié la joie que l'on peut ressentir et l'amour s'en mêlera sûrement...

On fait, dit-on, de grands préparatifs pour la fête de la paix. Si chaque armée envoie des députés et que ce soit une nouvelle fédération, je ne serais pas fâché que le sort tombât sur moi, et me mit au nombre des partants pour Paris, qui, dit-on, est plus beau que jamais : autrement je serai encore quelque temps sans te voir. Car je ne compte pas quitter l'armée sans raisons légitimes, jusqu'au moment où on la divisera pour la diriger en France sur les différents points qui seront assignés à chaque corps. Je pense que tous les amis de l'ordre doivent en agir de même, et sacrifier encore quelques mois afin de maintenir le bon esprit, et d'empêcher qu'en rentrant en France les ennemis du gouvernement ne tachent à séduire les soldats afin de pouvoir s'en servir pour exécuter leurs scélérates entreprises : mais qu'ils tremblent ces coquins, si nous avons su vaincre au dehors les ennemis du gouvernement, nous saurons aussi comprimer ceux qu'il peut avoir dans l'intérieur.

Que fait-on avec l'Engleterre, parle-t-elle de paix? Quoique je sois bien las de la guerre, je ferais pourtant encore une campagne avec plaisir contre ces Messieurs qui, restant les derniers, doivent payer cher les pots cassés.

Adieu, mon cher ami, conserve-moi une petite place dans ton souvenir, crois à l'impatience que j'ai de te voir ainsi que toute ta famille.

BELLIARD.

Rappelle-moi au souvenir de mes connaissances. La maison Garos est sûrement partie pour Fontenay.

P. C. C :

E. CESBRON.